Manifesto Para Um Renascimento Europeu

por

Alain de Benoist
&
Charles Champetier

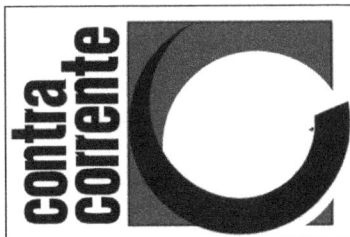

CONTRA-CORRENTE
Lisboa, 2014

Título: *Manifesto Para Um Renascimento Europeu*
Autores: Alain de Benoist e Charles Champetier
© 2014, IAEGCA
© 2014, Contra-Corrente
© 2014, Alain de Benoist
© 1999, GRECE

Todos os direitos para a publicação desta obra
em Portugal reservados por IAEGCA.

Esta edição NÃO SEGUE a grafia do Novo Acordo Ortográfico da Língua Portuguesa.

Tradução: João Martins
Revisão e Paginação: Flávio Gonçalves
Capa: Nelson Fonseca
Impressão: Digital Printing Solutions e CreateSpace
Edição e Distribuição: IAEGCA
Colecção: Contra-Corrente

Impresso nos Estados Unidos da América e na União Europeia

ISBN: 978-989-98807-3-3
Depósito Legal:

Printed in the United States of America and in the European Union

Para obter informação acerca dos preços de compra
por atacado e consignações, é favor contactar:
distronr@gmail.com

Manifesto Para Um Renascimento Europeu

por

Alain de Benoist
&
Charles Champetier

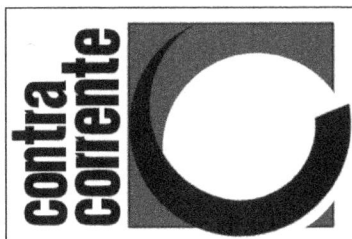

CONTRA-CORRENTE
Lisboa, 2014

ÍNDICE

MANIFESTO PARA UM RENASCIMENTO EUROPEU

———————————————

Introdução

A Nova Direita nasceu em 1968. Não é um movimento político, mas um *think tank* e uma escola de pensamento. Há mais de 30 anos - em livros e revistas, colóquios e conferências, seminários e escolas de verão, etc. - esta tentou formular uma perspectiva metapolítica.

A metapolítica não é a política por outros meios. Não consiste numa "estratégia" para impor a hegemonia intelectual, nem numa tentativa de desacreditar outras atitudes ou outros programas possíveis. Ela repousa unicamente na premissa de que as ideias desempenham um papel fundamental na consciência colectiva e, mais geralmente, na história humana.

Através das suas obras, Heraclito, Aristóteles, Santo Agostinho, São Tomás de Aquino, René Descartes, Immanuel Kant, Adam Smith e Karl Marx, desencadearam todos revoluções decisivas, cujo impacto ainda se faz sentir hoje. A História é o resultado da vontade e da acção humana, mas sempre no âmbito das convicções, crenças e representações que fornecem significado e direcção.

O objectivo da Nova Direita é contribuir para a renovação dessas representações sócio-históricas. Esse impulso metapolítico é baseado numa reflexão sobre a evolução das sociedades ocidentais, tendo em vista o século XXI. Por um lado, assiste-se à impotência crescente dos partidos políticos, sindicatos, governos, formas clássicas de conquista e do exercício do poder político, e, por outro lado, à rápida obsolescência de todas as clivagens que têm caracterizado a modernidade, a começar pela clivagem esquerda-direita.

Além disso, ocorre uma explosão de conhecimento sem precedentes, que se dissemina sem que as suas consequências sejam plenamente percebidas. Num mundo em que as entidades fechadas deram lugar a redes interconectadas com pontos de referência cada vez mais difusos, a acção metapolítica consiste em voltar a dar um sentido ao mais alto nível e através de uma nova síntese, a desenvolver à margem dos jogos políticos, a um modo de pensamento resolutamente transversal, com vista a estudar todas as áreas de conhecimento, de forma a propor uma visão de mundo coerente. Tal tem sido o objectivo desde há trinta anos.

Este manifesto resume tudo isso. A primeira parte (Predicamentos) fornece uma análise crítica da nossa época. A segunda parte (Fundamentos) apresenta a base da nossa visão do homem e do mundo. Ambas são inspiradas por uma abordagem multidisciplinar que desafia a maioria das fronteiras intelectuais hoje conhecidas. Tribalismo e mundialismo, nacionalismo e internacionalismo, liberalismo e marxismo, individualismo e colectivismo, progressismo e conservadorismo opõem-se uns aos outros com a mesma lógica complacente do terceiro excluído[1].

Desde há um século, essas oposições artificiais têm obstruído o que é essencial: a dimensão de uma crise que exige uma renovação radical dos modos de pensamento, de decisão e acção. É, portanto, inútil procurar nas páginas que seguem o rastro de precursores dos quais não seríamos senão os herdeiros. A Nova Direita soube beber das mais variadas fontes teóricas que a precederam. Praticando uma interpretação extensiva da história das ideias, ela não hesita em tomar aquelas que lhe parecem acertadas em qualquer escola de pensamento. É certo que essa abordagem transversal provoca regularmente a raiva dos Cérberos[2] do pensamento, os quais concordam em congelar as ortodoxias ideológicas de forma a paralisar qualquer nova síntese que ameace o seu conforto intelectual.

Posto isto, desde as suas origens, a Nova Direita reúne homens e mulheres que desejam participar de forma concreta no seu florescimento. Na França, como noutros países, esta constitui uma comunidade de trabalho e de reflexão, cujos membros não são necessariamente intelectuais, mas todos se interessam, de uma forma ou de outra, pelo combate das ideias. A terceira parte deste manifesto (Orientações) expressa a nossa posição quanto aos grandes debates da actualidade e os nossos pontos de vista para o futuro do nosso povo e da nossa civilização.

---

[1] A lei do terceiro excluído é um princípio cujo enunciado consiste no seguinte: "ou A é x ou não é x e não há terceira possibilidade".

[2] Na mitologia grega, Cérbero (em grego, Κέρβερος = "demónio do poço") era um horrendo cão de múltiplas cabeças que guardava a entrada do reino subterrâneo dos mortos.

ALAIN DE BENOIST & CHARLES CHAMPETIER

Predicamentos

Todo o pensamento crítico procura, antes de mais, colocar em perspectiva a sua própria época. Estamos hoje num período de transição - um ponto de viragem ou um *"interregnum"*, caracterizado por uma grande crise: o fim da Modernidade.

ALAIN DE BENOIST & CHARLES CHAMPETIER

———————————————

1. O que é a Modernidade?

A Modernidade designa o movimento histórico-social, político e filosófico dos três últimos séculos da história Ocidental. Caracteriza-se principalmente por cinco processos convergentes: a individualização, por via da destruição das antigas comunidades de pertença: a massificação, com a adopção de comportamentos e estilos de vida padronizados: a dessacralização, pelo refluxo das grandes narrativas religiosas em favor de uma interpretação científica do mundo: a racionalização, através do domínio da razão instrumental, do mercado livre e da eficiência técnica: a universalização por via da difusão global de um tipo de sociedade implicitamente apresentado como a única possibilidade racional e, por conseguinte, como um modelo superior.

Este movimento tem raízes antigas. Em muitos aspectos, representa uma secularização de ideias e perspectivas retiradas da metafísica cristã, que se disseminaram na vida secular depois de terem sido esvaziadas de qualquer dimensão transcendente. De facto, encontramos no Cristianismo a fonte das grandes mutações onde as ideologias laicas da era pós-revolucionária têm bebido. O individualismo já estava presente na noção de salvação individual e na relação de intimidade privilegiada que o crente mantém com Deus, que prevalece sobre qualquer enraizamento terreno. O igualitarismo encontra a sua origem na ideia de que todos os homens são igualmente chamados à redenção, que todos são igualmente dotados de uma alma individual, cujo valor absoluto é compartilhado por toda a humanidade. O progressismo nasce da ideia de que a História tem um início absoluto e um fim necessário, estando o seu desenvolvimento globalmente associado ao plano divino. O universalismo, por fim, é a expressão natural de uma religião que afirma ter uma verdade revelada, válida para todos os homens, o que justifica a conversão destes. A própria vida política baseia-se em conceitos teológicos secularizados. O Cristianismo, agora reduzido ao estatuto de uma opinião entre outras existentes, tem sido vítima deste movimento que meteu em marcha, para seu próprio pesar: na história Ocidental, o Cristianismo terá sido a religião do abandono da religião.

As diferentes escolas de filosofia da modernidade, competindo umas com as outras e por vezes contraditórias nos seus fundamentos, coincidem, no entanto, no essencial: a ideia de que há uma solução única e universalizável para todos os fenómenos sociais, morais e políticos. A humanidade é entendida como uma soma de indivíduos racionais que, por convicção, por interesse moral, por simpatia ou por medo, está destinada a realizar a sua unidade na história. Nesta perspectiva, a diversidade do mundo torna-se num obstáculo e tudo aquilo que diferencia os homens é olhado como acessório ou contingente, ultrapassado ou perigoso. Na medida em que a modernidade não se tratou somente de um corpo ideológico, mas também de um modo de acção, esta tem tentado por todos os meios extirpar os homens dos seus vínculos específicos para submetê-los a um modelo universal de associação. O mais eficaz, na prática, tem provado ser o Mercado.

2. A Crise da Modernidade

O imaginário da modernidade é dominado por desejos de liberdade e igualdade. Estes dois valores cardeais foram traídos. Apartados das comunidades que os protegiam, dando sentido e forma à sua existência, os indivíduos estão agora sujeitos a esse imenso mecanismo de dominação e de decisão a que as suas liberdades permanecem puramente formais. Eles sustêm o poder global do mercado, da tecnociência ou das comunicações sem nunca serem capazes de influenciar o seu curso. A promessa de igualdade foi duplamente traída: o comunismo traiu-a instalando os regimes totalitários mais assassinos da História; o capitalismo trivializou-a ao legitimar as desigualdades sociais e económicas mais odiosas em nome da igualdade. A modernidade proclama os direitos sem de modo algum fornecer os meios para exercê-los. Ela exacerbou todas as necessidades e cria continuamente novas, reservando o acesso a estas a uma pequena minoria, o que gera a frustração e a raiva de todos os outros. Quanto à ideologia do progresso, que responde às expectativas humanas alimentando a promessa de um mundo cada vez melhor, está numa profunda crise. O futuro parece imprevisível, já não oferecendo esperança, inspirando, isso sim, receios a quase todos. Cada geração enfrenta um mundo diferente daquele que os seus pais conheceram. Esta novidade duradoura assente no desprezo pela filiação e das experiências antigas, combinada com a transformação acelerada de estilos de vida e dos meios de existência, não produz a felicidade, mas a angústia.

O "fim das ideologias" designa o esgotamento histórico das grandes narrativas mobilizadoras que se encarnaram no liberalismo, no socialismo, no comunismo, no nacionalismo, no fascismo, ou ainda, no nazismo. O século XX fez dobrar os sinos para a maioria dessas doutrinas, cujos resultados concreto foram o genocídio, o etnocídio e os assassinatos em massa, as guerras totais entre as nações e a concorrência permanente entre os indivíduos, os desastres ecológicos, o caos social, e a perda de qualquer referência significativa. Ao destruírem o mundo vivo para benefício da razão instrumental, o crescimento e desenvolvimento material resultou num empobrecimento sem precedentes do espírito. Elas generalizaram a ansiedade, a inquietude de viver num presente sempre incerto, num mundo desprovido tanto do passado como do futuro. Assim, a modernidade deu à luz a civilização mais vazia que a humanidade já conheceu: a linguagem publicitária tornou-se o paradigma de todo o discurso social, o reino do dinheiro impôs a omnipresença do mercado, o homem foi transformada num objecto de troca num contexto de pobre hedonismo; a técnica encerra o mundo vivo numa rede pacificada e racionalizada de narcisismo, a delinquência, a violência e a incivilidade propagam-se numa guerra de todos contra todos e de cada um contra si mesmo, o indivíduo incerto navega num mundo irreal de drogas, de realidade virtual e dos meios de comunicação sensacionalistas, o campo é abandonado por subúrbios inabitáveis e monstruosas megalópoles, o indivíduo solitário mergulha numa multidão anónima e hostil, enquanto as antigas mediações sociais, políticas, culturais ou religiosas tornam-se cada vez mais debilitadas e indiferenciadas.

Esta crise geral é um sinal de que a modernidade está a chegar ao fim, precisamente quando a utopia universalista que a estabeleceu está prestes a tornar-se uma realidade sob a égide da globalização liberal. O final do século XX marca ao mesmo tempo o fim dos tempos modernos e o início de uma pós-modernidade caracterizada por uma série de novos temas: a emergência da preocupação ecológica, a procura de qualidade de vida, o papel das "tribos" e das "redes", a revitalização das comunidades, a política de reconhecimento dos grupos, a multiplicação de conflitos intra e supra-estatais, o retorno da violência social, o declínio das religiões instituídas, a oposição crescente das pessoas ao elitismo social, etc. Não tendo nada de novo a dizer e observando o medrante mal-estar das sociedades contemporâneas, os agentes da ideologia dominante estão reduzidos ao discurso encantatório tão comum nos meios de comunicação, num universo em perigo de implosão. Implosão e não explosão: a modernidade não vai ser superada na forma de um "grande crepúsculo" (uma versão secular da Segunda Vinda de Cristo), mas mediante o aparecimento de milhares de auroras, ou seja, pela eclosão de espaços soberanos libertos da dominação moderna. A modernidade não será superada por um retorno ao passado, mas pelo recurso a certos valores pré-modernos numa óptica resolutamente pós-moderna. Será ao preço de uma tal refundação radical que serão exorcizados a anomia social e o niilismo contemporâneo.

3. Liberalismo: o principal inimigo

O liberalismo encarna a ideologia dominante da modernidade. Ele foi o primeiro a aparecer e será o último a desaparecer. Num primeiro momento, o pensamento liberal contrapôs uma economia autónoma frente à moralidade, à política e à sociedade em que anteriormente estava incorporado. Mais tarde, fez do valor comercial a instância soberana de toda a vida comunitária. O advento do "reino da quantidade" assinalou essa transição das economias de mercado para as sociedades de mercado, ou seja, a extensão a todas as esferas da existência das leis de intercâmbio comercial, coroada pela "mão invisível". Por outro lado, o liberalismo engendrou o individualismo moderno, a partir de uma falsa antropologia, tanto do ponto de vista descritivo, como do ponto de vista normativo, baseado num homem unidimensional, desenhando os seus "direitos inalienáveis" desde a sua natureza essencialmente associal, procurando continuamente maximizar o seu melhor interesse, pela eliminação de qualquer consideração não-quantificável e de qualquer valor alheio ao cálculo racional.

Esta dupla pulsão individualista e economicista é acompanhada por uma visão "darwinista" da vida social em que esta reduz, em última análise, a vida social a uma competição generalizada, para uma nova versão de "guerra de todos contra todos", para seleccionar o "melhor". Além da concorrência "pura e perfeita" ser um mito, uma vez que as relações de força já existiam antes dela, ela não diz absolutamente nada sobre o valor do que é escolhido: o que é melhor ou pior. A evolução selecciona os mais aptos a sobreviver, mas o homem não se contenta com a mera sobrevivência: ele ordena a sua vida numa hierarquia de valores acerca dos quais os liberais pretendem permanecer neutros.

O carácter iníquo de dominação liberal gerou uma reacção legítima no século XIX, com o surgimento do movimento socialista. No entanto, sob a influência do marxismo, esse movimento desviou-se do seu caminho. Ora, apesar da sua hostilidade mútua, o liberalismo e o marxismo, basicamente, pertencem ao mesmo universo, herdeiros que são do pensamento iluminista: compartilham o mesmo individualismo, o mesmo universalismo igualitarista, o mesmo racionalismo, o mesmo primado do factor económico, a mesma insistência sobre o valor emancipador do trabalho, a mesma fé no progresso, a mesma aspiração a um fim da história. Em quase todos os aspectos, o liberalismo realizou mais eficazmente determinados objectivos que compartilha com o marxismo: a erradicação das identidades colectivas e das culturas tradicionais, o desencantamento do mundo, e a universalização do sistema de produção.

Os estragos do mercado provocaram o surgimento e reforço do Estado-Providência. Ao longo da história, o Mercado e o Estado têm aparecido lado a lado, o último procurando sujeitar aos impostos fiscais as trocas intracomunitárias não-mercantis, anteriormente intangíveis, fazendo dum espaço económico homogéneo uma ferramenta da sua potência. A dissolução de laços comunitários, estimulados pela mercantilização da vida social, exigiu o reforço progressivo do Estado-Providência, encarregado de proceder às redistribuições necessárias de forma a atenuar as falhas da solidariedade tradicional. Longe de impedir a marcha do liberalismo, estas intervenções estatais permitiram-lhe prosperar, evitando uma explosão social, garantindo a indispensável segurança e estabilidade às mudanças. Contudo, o Estado-Providência, que não é senão uma estrutura redistributiva abstracta, anónima e opaca, generalizou a irresponsabilidade, transformando os membros da sociedade em nada mais do que receptores de ajuda pública, que não pretendem o derrube do sistema liberal, mas apenas prolongar indefinidamente e sem contrapartidas os seus direitos.

Por fim, o liberalismo expressa a negação da especificidade da coisa política, a qual implica sempre a arbitrariedade das decisões e a pluralidade de objectivos. Deste ponto de vista, a "política liberal" parece ser uma contradição dos termos. Pretendendo formar os laços sociais a partir de uma teoria de escolha racional, subordinando a cidadania à utilidade, ela acaba por se reduzir a um ideal de gestão "científica" da sociedade global, colocada sob a visão de peritos técnicos. O Estado de Direito liberal, muitas vezes sinónimo de uma república de juízes, crê paralelamente poder abster-se de propor um modelo de vida bom, aspirando neutralizar os conflitos inerentes à diversidade da vida social através de procedimentos puramente jurídicos, visando determinar aquilo que é justo mais do que aquilo que é correcto. A esfera pública dissolve-se num espaço privado, enquanto a democracia representativa é reduzida a um mercado em que a oferta torna-se cada vez mais limitada (concentração de programas e de convergência de políticas) e uma demanda cada vez menos motivada (abstenção).

Na era da globalização, o liberalismo não se apresenta como uma ideologia, mas como um sistema global de produção e de reprodução dos homens e das mercadorias, complementado pelo hiper-moralismo dos direitos humanos. Sob as suas formas económicas, políticas e morais, o liberalismo representa o bloco central das ideias de uma modernidade terminal. Afigura-se, assim, como o principal obstáculo de todos aqueles que trabalham para a sua superação.

Fundamentos

"Conhece-te a ti mesmo", dizia o aforismo délfico (*NdT. Em referência ao Oráculo de Delfos*). A chave de toda a representação do mundo, de todo o compromisso político, moral ou filosófico reside, antes de tudo, numa antropologia. As nossas actividades são realizadas através de certas ordens práticas, que representam a essência das relações dos homens entre si e com o mundo: a política, a economia, a tecnologia e a ética.

ALAIN DE BENOIST & CHARLES CHAMPETIER

_____

1. O homem: um instante da existência

A modernidade negou a existência de uma natureza humana (a teoria da tábua rasa) ou remeteu-a para predicados abstractos, desconectados do mundo real e da experiência vivida. Como consequência desta ruptura radical, emergiu o ideal de um "homem novo", infinitamente maleável através da transformação brutal e progressiva do seu meio. No século XX, esta utopia resultou nas experiências totalitárias e nos sistemas concentracionários. No mundo liberal, ela traduziu-se na crença supersticiosa na omnipotência do meio, o qual não foi menos gerador de decepções, em especial no domínio educacional: numa sociedade estruturada na utilização da racionalidade abstracta, são as capacidades cognitivas que constituem o principal determinante do estatuto social.

O homem é antes de tudo um animal e, como tal, inscreve-se na ordem dos seres vivos, onde a duração é medida em centenas de milhões de anos. Se compararmos a história da vida orgânica a um dia (24 horas), a espécie humana apareceu apenas nos últimos trinta segundos. O próprio processo de hominização desenrolou-se ao longo de inúmeras dezenas de milhares de gerações. Na medida em que a vida é gerada, sobretudo, através da transmissão de informações contidas no material genético, o homem não nasce como uma página em branco: cada indivíduo é portador das características gerais da nossa espécie, às quais são adicionadas as predisposições hereditárias a certas aptidões particulares e a determinados comportamentos. O indivíduo não decide essa herança, que limita a sua autonomia e a sua plasticidade, mas que também lhe permite resistir aos condicionamentos políticos e sociais.

Mas o homem não é somente um animal: aquilo que possui mais especificamente humano - consciência da sua própria consciência, pensamento abstracto, a linguagem sintáctica, capacidade de expressão simbólica, aptidão para a observação objectiva e juízo de valor - não contradiz a sua natureza, pelo contrário, estende-se nele, conferindo-lhe uma identidade única e suplementar. Negar os determinantes biológicos do homem ou reduzi-los, relegando os seus traços específicos à zoologia constituem duas atitudes igualmente absurdas. A parte hereditária da nossa humanidade não constitui senão a base da nossa vida social e histórica: porque o objectivo dos instintos humanos não são programados, o homem é sempre titular de uma parte da liberdade (ele deve efectuar escolhas morais, bem como políticas), onde o único limite natural é a morte. O homem é primeiramente um herdeiro, mas ele pode dispor da sua herança. Construímos-mos historicamente e culturalmente com base nos pressupostos da nossa constituição biológica, que são o limite da nossa humanidade. O que está para além dessas limitações pode ser denominado Deus, cosmos, nada ou ser. A pergunta "porquê" não faz sentido, porque aquilo que está para além dos limites humanos é por definição impensável.

Assim, a Nova Direita propõe uma visão de um homem equilibrado, tendo em conta tanto o inato, as habilidades pessoais e o ambiente social. Ela rejeita as ideologias que enfatizam apenas um desses factores, seja ele biológico, económica ou mecânico.

2. O homem: um ser enraizado, perigoso e aberto

Por natureza, o homem não é nem bom, nem mau, mas é capaz de ser um ou outro. Como é um ser aberto e "perigoso", sempre susceptível de ir além de si mesmo ou a degradar-se. As regras sociais e morais, bem como as instituições e as tradições, permitem conjurar essa ameaça permanente, levando o homem a construir-se com base no reconhecimento das normas que fundamentam a sua existência, dando-lhe sentido e referências. A humanidade, definida como a massa indiferenciada dos indivíduos que a compõem, designa tanto uma categoria biológica (a espécie), como uma categoria filosófica que emana do pensamento ocidental. Do ponto de vista sócio-histórico, o homem enquanto tal não existe, pois a sua pertença à humanidade é sempre mediada por uma pertença cultural particular. Esta constatação não decorre do relativismo. Todos os homens têm em comum a sua natureza humana, sem a qual eles não seriam capazes de entender uns aos outros, mas a sua pertença comum à espécie expressa-se sempre a partir de um contexto singular. Eles compartilham as mesmas aspirações essenciais, mas estas cristalizam-se sempre sob formas diferentes, de acordo com as épocas e os lugares.

Neste sentido, a humanidade é irredutivelmente plural: a diversidade faz parte de sua própria essência. Assim, a vida humana inscreve-se necessariamente num contexto que precede a reflexão, mesmo que criticamente, que os indivíduos e os grupos formulam sobre o mundo, modelando as suas aspirações e metas. Não existe no mundo real senão pessoas concretamente enraizadas. As diferenças biológicas não são significativas em si mesmo salvo quando se referem a traços sociais e culturais. Quanto às diferenças entre as culturas, estas não são os efeitos de uma ilusão, nem características transitórias, contingentes ou secundárias. Todas as culturas têm o seu próprio "centro de gravidade" (Herder): culturas diferentes fornecem respostas diferentes às questões essenciais. É por isso que todas as tentativas para as unificar acabam por destruí-las. O homem inscreve-se, por natureza, no registo da cultura. Ser singular, ele situa-se sempre na encruzilhada do universal (a sua espécie) e do particular (cada cultura, cada época). A ideia de uma lei absoluta, universal e eterna, que em última instância determina as escolhas morais, religiosas ou políticas afigura-se infundada. Essa ideia é a base de todos os totalitarismos.

As sociedades humanas são simultaneamente conflituosas e cooperantes, sem que se possa eliminar uma destas características em benefício da outra. A crença irénica na possibilidade de eliminar os antagonismos no seio de uma sociedade reconciliada e transparente tem mais validade do que a visão hipercompetitiva (liberal, racista ou nacionalista) que transforma a vida numa guerra perpétua de indivíduos ou de grupos. Se a agressividade é uma parte essencial na actividade criadora e na dinâmica da vida, a evolução favoreceu no homem o surgimento de comportamentos cooperantes (altruístas), que não se exercem apenas na esfera do parentesco genético. Por outro lado, as grandes construções históricas somente foram possíveis através do estabelecimento de uma harmonia com base no reconhecimento do bem comum, a reciprocidade de direitos e deveres, a entreajuda e a partilha. Nem pacífico nem beligerante, nem bom nem mau, nem bonita nem feia, a existência humana desenrola-se numa trágica tensão entre esses pólos de atracção e repulsa.

3. Sociedade: um corpo de comunidades

A existência humana é inseparável das comunidades e dos conjuntos sociais em que ela se inscreve. A ideia de um "estado natural" primitivo em que teriam co-existido indivíduos autónomos é pura ficção: a sociedade não é o resultado de um contrato que os homens subscrevem com vista a maximizar os seus melhores interesses, mas sim de uma associação espontânea, cuja forma mais antiga é, sem dúvida, a família alargada.

As comunidades em que o estado social se encarna desenham um tecido complexo de organismos intermediários situados entre o indivíduo, os grupos de indivíduos e a humanidade. Alguns são herdados (nativos), outros são escolhidos (cooperativos). O vínculo social, cuja autonomia a velha direita jamais foi capaz de reconhecer, e que não se confunde com a própria "sociedade civil", define-se, em primeiro lugar, como um modelo para as acções dos indivíduos, e não como o efeito global dessas acções. Ele repousa no consentimento partilhado e é anterior a esse modelo. A pertença colectiva não anula a identidade individual, pelo contrário, é a sua base. Quando se abandona a comunidade original, geralmente é para se juntar a outra. Nativas ou cooperantes, as comunidades têm todas por fundamento a reciprocidade. As comunidades são constituídas e mantêm-se com base na certeza comprovada por cada um dos seus membros que tudo aquilo que lhes é exigido também o é aos outros. Reciprocidade vertical dos direitos e deveres, de contribuição e distribuição, de obediência e assistência, e uma reciprocidade horizontal de ofertas e contra-ofertas, de fraternidade, de amizade e amor. A riqueza da vida social é proporcional à diversidade de pertenças que esta oferece: esta diversidade é constantemente ameaçada por defeito (conformismo, indiferenciação) ou por excesso (secessão, atomização).

A concepção holística, segundo a qual o todo supera a soma das suas partes e possui as qualidades que lhe são próprias, tem sido combatida pelo individuo-universalista moderno, que associou a comunidade à hierarquia sofrida, ao confinamento e ao espírito paroquial. Esse individuo-universalista foi implantado sob duas formas: o contrato (a política) e o mercado (a economia). Mas, na realidade, a modernidade não libertou o homem das suas antigas pertenças familiares, locais, tribais, corporativas ou religiosas. Não fez senão submetê-lo a outras restrições, mais duras porque são mais longínquas, mais impessoais e mais exigentes: uma sujeição mecânica, abstracta e homogénea substituiu os quadros orgânicos multiformes. Ao se tornar mais solitário, o homem tornou-se também mais vulnerável e mais desamparado. Desligou-se do sentido, porque já não pode identificar-se com um modelo, porque já não faz qualquer sentido para ele posicionar-se no todo social. O individualismo resultou na desfiliação, no isolamento, na desinstitucionalização (a família, para citar um exemplo, já não socializa), e na apropriação dos laços sociais por burocracias estatais. Resumindo, o grande projecto de emancipação moderno afigura-se como uma alienação em grande escala. Devido à sua tendência para reunir os indivíduos que experimentam tudo como estranhos uns dos outros, não manifestando mais qualquer confiança mútua, as sociedades modernas não podem imaginar uma relação social que não esteja submetida a uma instância de regulação "neutra". As formas puras desta instância são a livre troca (o sistema mercantil da lei do mais forte) e a submissão (o sistema totalitário de obediência ao Estado central todo-poderoso). A forma mista que agora prevalece traduz-se por uma proliferação de normas jurídicas abstractas que, gradualmente, vão regimentando todas as áreas da existência, em que as relações com os outros são objecto de permanente controlo, a fim de afastar a ameaça de implosão.

Só um retorno às comunidades e às políticas de dimensões humanas permitirá remediar a exclusão ou a dissolução do vínculo social, e levar à sua reificação e juridicidade.

4. Política: uma essência e uma Arte

A política assenta no facto de que as finalidades da vida social são sempre múltiplas. Ela possui a sua essência e as suas leis próprias, não são reduzíveis nem à racionalidade económica, nem à ética, nem à estética, nem à metafísica, nem ao sagrado. Pretende que sejam distinguidas e aceites noções tais como o público e o privado, o comando e a obediência, a deliberação e a decisão o cidadão e o estrangeiro, o amigo e o inimigo. Se há moralidade na política - uma vez que a autoridade visa o bem comum e é inspirada na norma composta pelos valores e costumes da colectividade no seio da qual ela é exercida - isto não significa que uma moralidade individual seja politicamente aplicável. Os regimes que se recusam a reconhecer a essência da política, que negam a pluralidade de objectivos ou que favorecem a despolitização, são por definição "impolíticos".

O pensamento moderno desenvolveu a ideia ilusória de uma "neutralidade" da política, reduzindo o poder à eficiência da gestão, à aplicação mecânica das normas jurídicas, técnicas ou económicas: o "governo dos homens" deve ser modelado à "administração das coisas". Ora, a esfera pública é sempre o lugar de afirmação de uma visão particular da "boa vida". Essa concepção do "bem" precede a ideia do "justo", e não o contrário.

O primeiro objectivo de toda a acção política é, internamente, fazer reinar a paz civil, ou seja, a segurança e a harmonia entre todos os membros da sociedade e, externamente, protegê-los das ameaças estrangeiras. Comparado com este objectivo, a escolha que se opera entre os valores concorrentes (mais liberdade, igualdade, unidade, diversidade e solidariedade, etc.) é arbitrária: isto não é demonstrável, mas afirma-se e julga-se de acordo com o resultado final. A diversidade de visões do mundo é uma das condições para o surgimento da política. Porque reconhece o pluralismo das aspirações e de projectos, procurando organizar a confrontação pacífica em todos os níveis da vida pública, a democracia é um regime eminentemente político. É nisto preferível às confiscações clássicas da legitimidade pelo dinheiro (plutocracia), pela competência (tecnocracia), pela lei divina (teocracia) ou pela hereditariedade (monarquia), mas também às mais recentes formas de neutralização da política pela moral (ideologia dos direitos humanos), pela economia (globalização do mercado), pela lei (governação dos juízes), ou pelos meios de comunicação (sociedade do espectáculo). Se o indivíduo se afirma enquanto pessoa no seio de uma comunidade, ele constrói-se como cidadão na democracia, o único regime que lhe oferece a participação nas discussões e decisões públicas, bem como a excelência pela educação e edificação de si próprio.

A política não é uma ciência, reduzida à razão ou a um simples método, mas uma arte, exigindo antes de tudo a prudência. Implica sempre a incerteza, uma pluralidade de escolhas, uma decisão sobre as metas. A arte de governar fornece um poder de decisão entre as várias possibilidades, bem como a capacidade de restrição. O poder não é senão um meio, que tem valor apenas em função dos objectivos que é suposto servir.

De acordo com Jean Bodin, herdeiro dos legalistas, a fonte da independência e da liberdade reside numa soberania ilimitada do poder do príncipe, concebida a partir do modelo de poder absolutista papal. Esta concepção é a de uma "teologia política" baseada na ideia de um órgão político supremo, um "Leviatã" (Hobbes), encarregue de controlar os corpos, os espíritos e as almas. Este conceito inspirou o Estado-nação absolutista, unificado, centralizado, que não tolera nem o poder local nem a partilha da lei com os poderes territoriais vizinhos e que se desenvolveu por meio da unificação administrativa e judicial, a eliminação de organismos intermédios (denunciados como "feudais"), bem como a erradicação gradual de todas as culturas locais. Esta dinâmica conduziu sucessivamente à monarquia absolutista, ao jacobinismo revolucionário e, finalmente, ao totalitarismo moderno. Mas também levou a uma "república sem cidadãos", em que não há mais nada entre a sociedade civil atomizada e o Estado gestor. Face a este modelo de sociedade política, a Nova Direita contrapõe o legado de Althusius, onde a fonte da independência e da liberdade residem na autonomia, e o Estado se define em primeiro lugar como uma federação de comunidades organizadas e vínculos múltiplos.

Tendo por base esta concepção, que inspirou as construções imperiais e federais, a existência de uma delegação de poderes soberanos nunca fez o povo perder a faculdade de fazer ou revogar leis. O povo, nas suas diferentes colectividades organizadas (ou "estados"), é, em última instância, o único detentor da soberania. Os governantes estão acima de cada cidadão individualmente considerado, mas estão sempre subordinados à vontade geral expressa pelo corpo de cidadãos. O princípio da subsidiariedade aplicado a todos os níveis.

A liberdade de uma comunidade não é antinómica a uma soberania partilhada. Assim, o campo da política não se reduz ao Estado: a entidade pública é definida como um espaço preenchido, uma teia contínua de grupos, de famílias, de associações, de colectividades locais, regionais, nacionais ou supra-nacionais. A política não consiste em negar essa continuidade orgânica, mas em construir sobre ela. A unidade política provém de uma diversidade reconhecida, ou seja, ele deve elaborar uma "opacidade" do social: a "transparência" perfeita da própria sociedade é uma utopia que não incentiva a comunicação democrática, mas, em vez disso, favorece a vigilância totalitária.

5. Economia: para além do mercado

Tanto quanto recuamos na história das sociedades humanas, certas regras presidiram sempre sobre a produção, circulação e consumo de bens necessários para a sobrevivência dos indivíduos e dos grupos. No entanto, e contrariamente aos pressupostos do liberalismo, como do marxismo, a economia nunca formou a "infra-estrutura" da sociedade: o determinismo económico (o "economicismo") é a excepção e não a regra. Dos muitos mitos associados à maldição do trabalho (Prometeu, o estupro da Mãe Terra), do dinheiro (Creso Gullveig, Tarpeia), da abundância (Pandora) revelam que a economia foi desde muito cedo vista como a "parte maldita" de qualquer sociedade, a actividade que ameaça quebrar a harmonia. A economia foi, desse modo, desvalorizada não porque não era útil, mas pelo facto de ter sido apenas isso. Mais, era-se rico porque se era poderoso, e não o inverso - sendo o poder acompanhado por um dever de partilhar e proteger aqueles que estavam sob o seu cuidado. O "fetichismo da mercadoria" não é apenas uma bizarria do capitalismo moderno, como nos conduz a uma constante antropológica: a produção em abundância de bens diferenciados leva à inveja, ao desejo mimético, que produz, pela sua parte, a desordem e a violência.

Em todas as sociedades pré-modernas, a economia está imersa, contextualizada em outros níveis da actividade humana. A ideia de que, da troca ao mercado moderno, os intercâmbios económicos têm sido sempre reguladas pela interacção entre a oferta e a demanda, pelo surgimento de um consequente, de um equivalente abstracto (dinheiro) e valores objectivos (valores de uso, de troca, de utilidade, etc.), é uma fábula inventada pelo liberalismo. O mercado não é um modelo ideal em que a sua abstracção permita a universalização. Antes de ser um mecanismo, é uma instituição, e esta instituição não pode estar separada da sua história e das culturas que a engendraram. As três principais formas de circulação de mercadorias são a reciprocidade (oferta e contra-oferta, partilha paritária ou igualitária), a redistribuição (centralização e repartição da produção por uma única autoridade) e o intercâmbio. Eles não representam "estágios de desenvolvimento", mas desde sempre coexistiram mais ou menos. A sociedade moderna é caracterizada pela hipertrofia do mercado de trocas: passagem da economia com mercado para economia de mercado e depois à sociedade de mercado. A economia liberal traduziu a ideologia do progresso na religião do crescimento: o "cada vez mais" do consumo e da produção está destinado a conduzir a humanidade à felicidade. Se é inegável que o desenvolvimento económico moderno satisfez certas necessidades básicas antes inacessíveis a muitos, não é menos verdade que o aumento artificial de necessidades por via das estratégias de sedução do sistema dos objectos (publicidade) conduz necessariamente a um impasse. Num mundo de recursos finitos e sujeitos ao princípio da entropia, um certo decrescimento é inevitável no horizonte da humanidade.

Pela magnitude das transformações postas em marcha, a mercantilização do mundo entre o século XVI e o século XX, forma um dos fenómenos mais importantes que a humanidade já conheceu. A sua desmercantilização será um dos principais desafios do século XXI. Isto exige para tal um retorno à origem da economia: "oikos-nomos," as leis gerais do nosso habitat no mundo, as leis que incluem os equilíbrios ecológicos, as paixões humanas, o respeito pela harmonia e beleza da natureza, e de uma maneira mais generalizada por todos os elementos não quantificáveis que a economia tem arbitrariamente excluído dos seus cálculos. Toda a vida económica envolve a mediação de uma vasta gama de instituições culturais e de instrumentos jurídicos. Hoje, a economia deve ser recontextualizada na vida, na sociedade, na política e na ética.

6. A ética: auto-construção

As categorias fundamentais da ética são universais: encontramos em todos os lugares a distinção entre o nobre e o ignóbil, o certo e o errado, o bem e mal, o admirável e o desprezível, o justo e o injusto. No entanto, a designação dos actos correspondentes dentro de cada uma destas categorias varia ao longo do tempo e das sociedades. A Nova Direita rejeita qualquer concepção do mundo puramente moral, mas admite que nenhuma cultura pode deixar de distinguir o valor ético das atitudes e dos comportamentos. A moral é essencial a esse ser aberto que é o homem; é uma consequência da sua liberdade. Além de expressar regras gerais que são em qualquer parte a condição para a sobrevivência das sociedades, esta também está relacionada com os costumes (*mores*) e não pode ser inteiramente dissociada dos contextos nos quais é exercida. Mas não pode ser compreendida desde o simples horizonte da subjectividade. Por exemplo, o ditado "*right or wrong, my country*", não significa que o meu país tem sempre razão, mas que ele continua a ser o meu país mesmo quando está errado. Isso implica que eventualmente eu possa provar que ele estava errado, significa que eu disponho de uma norma superior à minha relação para com ele.

Desde os gregos, a ética significa para os europeus as virtudes cuja prática constitui a base da "boa vida": a generosidade contra a ganância, a honra contra a vergonha, a coragem contra a cobardia, a justiça contra a iniquidade, a temperança contra o excessivo, o senso de dever contra a renúncia, a rectidão contra o calculismo, o desinteresse contra a cupidez, etc. O bom cidadão é aquele que sempre tende para a excelência em cada uma dessas virtudes (Aristóteles). Este compromisso com a excelência não exclui a existência de várias formas de vida (contemplativa, activa, lucrativa, etc.) relevando a cada um diferentes códigos morais e encontrando-se hierarquizados na cidade: a Tradição europeia, expressa pelo antigo modelo trifuncional, faz com que a sabedoria prevaleça sobre a força e a força sobre a riqueza.

A modernidade substituiu a ética tradicional, tanto a aristocrática como a popular, por dois tipos de moral burguesa: a moral utilitarista

34

(Bentham), com base no cálculo materialista dos prazeres e das dores (aquilo que é bom é o que aumenta o prazer do maior número), e a moral deontológica (Kant), fundada sobre uma concepção unitária da justiça, na qual todos os indivíduos deverão acatar uma lei moral universal. Esta última abordagem está subjacente à ideologia dos direitos humanos, que é ao mesmo tempo tanto uma moral mínima como uma arma estratégica do etnocentrismo ocidental. Esta ideologia é uma contradição nos seus próprios termos. Todos os homens têm direitos, mas eles não podem ser titulares de direitos enquanto seres isolados: um direito sanciona uma relação de equidade, que envolve o social. Nenhum direito é concebível sem um contexto específico que o defina, uma sociedade que identifique e defina os deveres que representam a contrapartida, e os meios de coerção necessários para o aplicar. Quanto às liberdades fundamentais, estas não podem ser decretadas, mas requerem ser conquistadas e garantidas. Que os europeus tenham imposto à força de lutas um direito das pessoas com base na autonomia, isso não implica que todos os povos do mundo sejam obrigados a considerar a garantia dos direitos da mesma maneira.

Contra a "ordem moral", que confunde norma social com norma moral, é preciso manter a pluralidade de formas da vida social, pensando em conjunto a ordem e a sua transgressão, Apolo e Dionísio. Não se poderá sair do relativismo e do niilismo do "último homem" (Nietzsche), que hoje se revela sob a forma do materialismo prático, senão restaurando o significado, ou seja, voltar aos valores compartilhados, portadores de certezas concretas experimentadas e defendidas por comunidades conscientes de si mesmas.

7. A técnica: mobilização do mundo

A técnica acompanha o homem desde as suas origens: a ausência de defesas naturais específicas, a desprogramação dos nossos instintos e o desenvolvimento das nossas habilidades cognitivas estão associadas a uma transformação crescente do nosso ambiente. Mas a técnica tem sido desde há muito tempo regulada por requisitos não-técnicos: a necessária harmonia do homem, da cidade e do cosmos, o respeito pela natureza como residência do Ser, submissão do poder (prometaica) à sabedoria (olímpica), repúdio da húbris, preocupação com a qualidade, em vez da produtividade, etc.

A explosão tecnicista da modernidade explica-se pelo desaparecimento dessas codificações éticas, simbólicas ou religiosas. Ela encontra as suas longínquas raízes no imperativo bíblico: "Enchei a terra e submetei-a" (Génesis), que Descartes retomará dois milénios mais tarde, convidando o homem a "tornar-se mestre e dono da natureza". A ruptura dualista teocêntrica entre o ser incriado e o mundo criado transformou-se numa ruptura dualista antropocêntrica entre o sujeito e o objecto, o segundo sendo submetido sem reserva ao primeiro. A modernidade subjugou igualmente a ciência (contemplativa) à técnica (operativa), dando assim origem à "tecnociência" integrada, cuja única finalidade é a transformação cada vez mais acelerada do mundo. No século XX o nosso estilo de vida sofreu mais mudanças do que nos 15 mil anos que o precederam. Pela primeira vez na história da humanidade, cada nova geração deve integrar-se num mundo que aquelas que a precederam nunca conheceram.

A técnica desenvolve-se essencialmente como um sistema autónomo: qualquer nova descoberta é imediatamente absorvida pelo poder global de operacionalidade, contribuindo para o complicar e fortalecer. O recente desenvolvimento de tecnologias de armazenamento e fluxos de informação (cibernética, informática) acelera a uma velocidade prodigiosa essa integração sistémica na qual a Internet é o exemplo mais conhecido: esta rede não tem centro de decisão ou controle de entrada-saída, mas mantém e expande constantemente a interacção de milhões de dispositivos conectados a ela.

A tecnologia não é neutra, mas obedece a uma série de valores que orientam o caminho: operacionalidade, eficiência, desempenho. O seu axioma é simples: tudo o que é possível pode e irá ser efectivamente realizado, entendendo-se que apenas um aumento tecnológico pode superar as deficiências da aplicação da tecnologia existente. A política, a moral, a lei intervêm somente após, para avaliar os efeitos desejáveis ou indesejáveis da inovação. A natureza cumulativa do desenvolvimento tecnocientífico - ele conhece a estagnação, mas não a regressão - há muito reforçou a ideologia do progresso na certificação do crescimento de poderes do homem sobre a natureza, reduzindo os riscos e as incertezas. A técnica concedeu, assim, à humanidade novos meios de existência, mas fez-lhe perder ao mesmo tempo a sua razão de viver, porque o futuro não parece depender senão da prorrogação indefinida do controlo racional do mundo. O esgotamento que daí resulta é cada vez mais claramente visto como o desaparecimento de uma vida autenticamente humana na Terra. Depois de explorar o infinitamente pequeno e o infinitamente grande, a tecnociência está agora a abordar o próprio homem, sujeito e objecto das suas próprias manipulações (clonagem, reprodução artificial, indexação genética, etc.). O homem está a tornar-se uma simples extensão das ferramentas por ele criadas, adoptando uma mentalidade tecnomórfica que aumenta a sua vulnerabilidade.

Tecnofobia e tecnofilia constituem duas atitudes inadmissíveis. O conhecimento e as suas aplicações não são condenáveis em si, mas a inovação não pode valer-se apenas do facto de ser novidade. Contra o reducionismo cientificista, o positivismo arrogante e o obscurantismo obtuso, é importante submeter o desenvolvimento técnico às nossas escolhas sociais, éticas e políticas, ao mesmo tempo que desenvolvemos as nossas capacidades de antecipação (princípio da prudência) e reinseri-lo no simbolismo de uma visão do mundo como *pluriversum* e *continuum*.

8. O mundo: um *pluriversum*

A diversidade é inerente ao próprio movimento da vida, o qual evolui de forma indistinta e complexa. A pluralidade e a variedade das raças, das etnias, das línguas, dos costumes e das religiões caracterizam o desenvolvimento da humanidade desde as suas origens.

Perante este facto, duas atitudes opõem-se. Para alguns, essa diversidade biocultural é um fardo e deve-se sempre e em toda parte reduzir os homens ao que eles têm em comum, um processo que não deixa de produzir uma série de efeitos negativos. Para outros, como nós, as diferenças são a riqueza que é conveniente preservar e cultivar. A Nova Direita manifesta uma profunda aversão pelo indiferenciado. Acredita que um bom sistema é aquele que reflecte, no mínimo, tantas diferenças como aquelas que recebeu. A verdadeira riqueza do mundo reside acima de tudo na diversidade de culturas e povos.

A conversão do Ocidente ao universalismo tem sido a principal causa da sua vontade de converter, por sua vez, o resto do mundo, noutros tempos à sua religião (Cruzadas), ontem, aos seus princípios políticos (colonialismo), hoje ao seu modelo económico e social (desenvolvimento), ou aos seus princípios morais (direitos humanos). Empreendida sob a égide dos missionários, dos militares e dos mercadores, a ocidentalização do mundo representa um movimento imperialista alimentado pelo desejo de apagar toda a alteridade, impondo ao mundo um modelo de humanidade supostamente superior invariavelmente apresentado como "progresso". O universalismo homogeneizador não é senão a projecção e a máscara de um etnocentrismo alargado à extensão do planeta.

Esta ocidentalização-globalização mudou a forma como percebemos o mundo. As tribos primitivas designavam-se a si mesmas como "os homens", sugerindo que elas consideravam-se como os únicos representantes da sua espécie. Um romano e um chinês, um russo e um inca podiam viver na mesma época, sem ter consciência da sua existência recíproca. Esses dias acabaram: por causa da desmesurada pretensão do Ocidente em transformar o mundo à sua própria imagem, vivemos numa época nova onde as diferenças étnicas, históricas, linguísticas ou culturais, coexistem plenamente conscientes da sua identidade e da alteridade que a reflecte. Pela primeira vez na história, o mundo é um *pluriversum*, uma ordem multipolar onde os grandes conjuntos culturais se enfrentam entre si numa temporalidade planetária partilhada, isto é, o tempo zero. Contudo, a modernização desliga-se gradualmente da ocidentalização: civilizações emergentes acedem aos modernos meios de poder e conhecimento, sem, no entanto, negarem a sua herança cultural e histórica para o benefício dos valores ou ideologias ocidentais.

A ideia de que poderíamos estar a chegar ao "fim da história", caracterizado pelo triunfo planetário da racionalidade mercantil, generalizando as formas de vida e a política do Ocidente liberal, é falsa. Pelo contrário, assistimos ao surgimento de um novo "nomos da Terra", uma nova ordem nas relações internacionais. A Antiguidade e a Idade Média viram crescer de forma desigual grandes civilizações autárquicas. A Renascença e a Época Clássica foram marcadas pela emergência e consolidação de Estados-nação que competiram pelo controlo da Europa, e depois do mundo. O século XX viu o início de uma ordem bipolar, onde se enfrentaram o liberalismo e o marxismo, o poder talassocrático dos EUA e o poder continental soviético. O século XXI será marcado pelo surgimento de um mundo multipolar articulado em torno de civilizações emergentes: a europeia, a norte-americana, a ibero-americana, a árabe-muçulmana, a chinesa, a indiana, a japonesa, etc. Essas civilizações não irão suprimir os antigos enraizamentos locais, tribais, regionais ou nacionais: elas irão impor-se como a derradeira forma colectiva com que os indivíduos poderão identificar-se dentro da sua humanidade comum. Provavelmente serão chamados a cooperar em determinadas áreas para proteger a propriedade comum da humanidade, nomeadamente ecológicas. Num mundo multipolar, o poder é definido como a capacidade de resistir à influência dos outros mais do que impor a sua. O principal inimigo desse pluriverso de grandes conjuntos auto-centrados é toda a civilização que se pretenda universal, que se sinta investida de uma missão redentora e que queira impor o seu modelo a todas as outras.

9. O Cosmos: um *continuum*

A Nova Direita adere a uma concepção unitária do mundo, em que a forma e a matéria constituem apenas variações do mesmo tema. O mundo é simultaneamente uno e múltiplo, integrando diferentes níveis do visível e do invisível, percepções diferentes de tempo e espaço, diferentes leis de organização dos seus componentes elementares. Microcosmo e macrocosmo interagem e correspondem-se. A Nova Direita rejeita, pois então, a distinção absoluta entre o ser criado e o ser incriado, bem como a ideia de que o nosso mundo é apenas um reflexo do além-mundo. O cosmos como realidade (*physis*) é o lugar de manifestação do ser, onde é revelada a verdade (*aléthéia*) da nossa pertença a esse cosmos. "*Panta Rhei*" (Heraclito) (*NdT. Do grego πάντα ῥεῖ, célebre aforismo deste filósofo e que pode ser traduzido como "Tudo flui como um rio"*): tudo está aberto a tudo.

O homem não encontra e não dá sentido à sua vida senão aderindo àquilo que o ultrapassa, aquilo que transcende os limites da sua constituição. A Nova Direita reconhece plenamente esta constante antropológica, que se manifesta em todas as religiões. Considera que o retorno do sagrado será realizado por via de um apelo aos mitos fundadores e pela implosão das falsas dicotomias: sujeito e o objecto, corpo e pensamento, alma e espírito, essência e existência, racionalidade e sensibilidade, domínio mítico e domínio lógico, natureza e sobrenatural, etc.

O desencantamento do mundo reflecte o quão fechado é o espírito moderno, incapaz de se projectar para além do seu materialismo e do seu antropocentrismo constituinte. A nossa época transferiu para o sujeito humano os antigos atributos divinos (metafísica da subjectividade), transformando, assim, o mundo num objecto, isto é, num conjunto de meios colocados à disposição ilimitada dos seus fins. Esse ideal de reducionismo utilitário do mundo é composto por uma concepção linear da história, provida de um início (estado natural, paraíso, idade de ouro, o comunismo primitivo) e de um fim (sociedade sem classes, reino de Deus, estágio último do progresso, entrada na era da racionalidade pura, transparente e irénica), igualmente necessários.

Para a Nova Direita, passado, presente e futuro não são momentos distintos de uma história orientada e vectorizada, mas as dimensões permanentes de todos os momentos vividos. O passado e o futuro estão ainda presentes em todos os acontecimentos actuais. A essa presença - categoria fundamental do tempo – opõe-se a ausência: esquecimento das origens e ofuscamento do horizonte. Essa concepção do mundo já se expressava na antiguidade europeia, encontrando-se tanto nas narrativas cosmogónicas como no pensamento pré-socrático. O paganismo da Nova Direita não significa nada mais do que a simpatia consciente por essa ancestral visão do mundo, ainda viva nos corações e espíritos - justamente porque ela não é de ontem, mas eterna. Face aos *ersatz* sectários das religiões decadentes, bem como a algumas paródias neo-pagãs destes tempos de confusão, a Nova Direita está imbuída da memória mais longa: é mantendo uma relação com as origens que se adquire o sentido daquilo que está por vir.

Orientações

1. Contra a indiferenciação e o tribalismo, pelas identidades fortes

A ameaça de homogeneização, sem precedentes, que paira sobre o mundo traz de volta as crispações identitárias: irredentismos sangrentos, nacionalismos convulsos e chauvinistas, tribalizações selvagens, etc. A responsabilidade por essas atitudes condenáveis advém, principalmente, da globalização (política, económica, tecnológica, financeira) que os produziu. Ao negar às pessoas o direito de se inserirem em identidades colectivas herdadas da história, ao impor um modo uniforme de representação, o sistema ocidental paradoxalmente deu origem a formas delirantes de si mesmo. O medo pelo Igual substituiu o medo pelo Outro. Esta situação é agravada na França pela crise do Estado, a qual se tornou desde há dois séculos o principal produtor simbólico da sociedade e cujo colapso causa um vácuo maior do que noutras nações ocidentais. A questão da identidade adquire, assim, ainda maior importância nas décadas que se avizinham. Perturbando os sistemas sociais que atribuíam aos indivíduos um lugar na ordem reconhecida, a modernidade, efectivamente, estimulou o questionamento sobre a identidade, despertando um desejo de confiança e reconhecimento no âmbito público. Porém, a modernidade não soube ou quis responder a essas questões. O "turismo universal" não é senão uma alternativa ridículo daquilo que se fecha sobre si mesmo.

Face à utopia universalista e às tensões particularistas, a Nova Direita afirma a força das diferenças, que não são nem um estado transitório nem uma unidade superior, nem um detalhe acessório da vida privada, mas a essência da existência social. Estas diferenças são, naturalmente, nativas (étnicas, linguísticas), mas também políticas. A cidadania refere-se tanto à pertença, como ao compromisso e participação na vida pública, que se distribui em vários níveis: um indivíduo pode ser ao mesmo tempo um cidadão do seu bairro, da sua cidade, da sua região, da sua nação e da Europa, dependendo da natureza do poder atribuído a cada uma destas escalas de soberania. Não se pode, no entanto, ser um cidadão do mundo, porque o "mundo" não é uma categoria política. Querer ser um cidadão do mundo, é ligar a cidadania a uma abstracção procedente do vocabulário da Nova Classe Liberal.

A Nova Direita defende a causa dos povos, porque o direito à diferença é, segundo esta, um princípio cuja validade reside na sua generalidade: só se pode defender justamente a sua diferença se se for capaz de defender também a do outro, o que significa que o direito à diferença não pode ser manipulado para excluir a diferença dos outros. A Nova Direita defende igualmente as etnias, as línguas e as culturas regionais ameaçadas de extinção, como é o caso das religiões nativas. Ela apoia os povos em luta contra o imperialismo ocidental.

2. Contra o racismo; pelo direito à diferença

O racismo não pode ser definido como a preferência pela endogamia, que pertence à livre escolha dos indivíduos e dos povos (o povo judeu, por exemplo, deve a sua sobrevivência à recusa do casamento misto). Antes da inflação de discursos simplistas, propagandistas e moralistas, temos de voltar ao verdadeiro significado das palavras: o racismo é uma teoria que postula, por uma parte, que existe uma desigualdade qualitativa entre as raças, podendo-se distinguir as raças globalmente "superiores" e "inferiores", ou, por outro lado, que o valor de um indivíduo se deduz inteiramente à sua pertença racial, ou ainda, que o factor racial constitui o elemento explicativo central da história humana. Essas três hipóteses têm sido sustentadas ao mesmo tempo ou separadamente. As três são falsas. Se é verdade que as raças existem e divergem em relação a este ou aquele critério específico estatisticamente isolado, não há entre elas nenhuma diferença qualitativa absoluta. Não existe nenhum paradigma dominante relativo à espécie humana que permita hierarquizá-las globalmente. É evidente, então, que indivíduo vale primeiramente pelas suas próprias qualidades. O racismo não é uma doença da mente, engendrada pelo preconceito ou superstição "pré-moderna" (fábula liberal que atribui à irracionalidade a fonte de todo o mal social). Esta é uma doutrina errada, historicamente datada, que encontra a sua origem no positivismo científico, segundo o qual pode-se "cientificamente" medir absolutamente o valor das sociedades humanas, e do evolucionismo social, que tende a descrever a história da humanidade como uma unidade história unitária dividida em "fases" correspondentes às diferentes etapas do "progresso" (alguns povos estariam temporariamente ou permanentemente, mais "avançados" que outros).

Frente ao racismo, existe um anti-racismo universalista e um anti-racismo diferencialista. O primeiro conduz indirectamente ao mesmo resultado do racismo que denuncia. Igualmente alérgico às diferenças tal como o racismo, somente reconhece aos povos a sua comum pertença à espécie humana e tende a considerar as suas identidades específicas como transitórias ou secundárias. Reduzindo o Outro ao Igual desde uma perspectiva estritamente assimilacionista, é, por definição, incapaz de reconhecer e respeitar a alteridade pela qual se bate. O anti-racismo diferencialista, no qual se reconhece a Nova Direita, considera que é na irredutível pluralidade da espécie humana que reside a riqueza. Este esforça-se para dar um sentido positivo ao universal, não contra a diferença, mas a partir dela. Para a Nova Direita, a luta contra o racismo não passa nem pela negação das raças nem pela vontade de as fundir num conjunto indiferenciado, mas pela dupla rejeição da exclusão e da assimilação. Nem *apartheid* nem *melting-pot*: a aceitação do outro enquanto outro, desde uma perspectiva dialogante de enriquecimento mútuo.

3. Contra a imigração, pela cooperação

Devido à sua velocidade e ao seu carácter massivo, a imigração, tal como a conhecemos hoje, na Europa, é um fenómeno, incontestavelmente negativo. Essencialmente representa um método de desenraizamento forçado, cujos motivos são tanto de natureza económica - movimentos espontâneos ou organizados desde os países pobres e sobrepovoados para os países ricos em estado de menor vitalidade demográfica - e simbólica - atraídos pela civilização ocidental, que se impõe pela desvalorização das culturas autóctones em proveito de um estilo de vida consumista. A responsabilidade deste fenómeno é em primeiro lugar não dos imigrantes, mas dos países industrializados que, depois de imporem a divisão internacional do trabalho, reduziram o homem à condição de mercadoria transferível. A imigração não é desejável nem para os imigrantes, que têm de sair do seu país natal por um outro, onde são acolhidos como suplementos de necessidades económicas, nem para as populações de acolhimento, que enfrentam, sem ter escolhido, mudanças, por vezes brutais, do seu ambiente humano e urbano. É óbvio que os problemas dos países do Terceiro Mundo não serão resolvidos através da transferência generalizada de populações. A Nova Direita é, deste modo, favorável a uma política restritiva da imigração, juntamente com uma maior cooperação com os países do Terceiro Mundo, onde as solidariedades orgânicas e os modos de vida tradicionais ainda estão vivos, para superar os desequilíbrios causados pela mundialização liberal.

No que concerne às populações de origem imigrante que residem hoje em França, e dado que é irrealista esperar um êxodo em massa, o Estado-nação jacobino nunca foi capaz de propor mais que um modelo de assimilação puramente individual e uma cidadania abstracta, desprezando por completo as identidades colectivas e as diferenças culturais. O número de migrantes, a distância cultural que por vezes os separa da população de acolhimento, e especialmente a crise profunda que afecta todos os canais de integração tradicionais (partidos, sindicatos, religiões, escola, exército, etc.), torna este modelo cada vez menos credível. A Nova Direita acredita que a identidade étnico-cultural das diferentes comunidades que vivem actualmente em França deve deixar de ser debatida no domínio privado, para gozar de um verdadeiro reconhecimento na esfera pública. Por isso, aderimos a um tipo de modelo comunitário, permitindo que os indivíduos que não querem romper com as suas raízes, mantenham vivas as suas estruturas de vida colectiva, não sendo obrigados ao abandono da sua cultura própria, respeitando uma necessária lei comum. Esta política comunitária poderia eventualmente traduzir-se por uma separação do conceito de cidadania e de nacionalidade.

4. Contra o sexismo, pelo reconhecimento dos géneros

A diferença entre os sexos é a primeira e mais elementar das diferenças naturais, pois a nossa humanidade não assegura a sua reprodução senão através dela: originalmente sexual, a humanidade não é una, mas dupla. Para além da biologia, essa diferença reinscreve-se nos géneros masculino e feminino, determinando na vida social duas maneiras de perceber o outro e o mundo, constituindo para os indivíduos o seu destino sexual. Se a existência de uma natureza feminina e de uma natureza masculina é pouco questionável, isso não significa que os indivíduos de cada sexo possam divergir dela à mercê de acasos genéticos ou escolhas sócio-culturais. No geral, porém, um conjunto de valores e atitudes estão divididos nas categorias feminina e masculina, de acordo com o sexo que é mais susceptível de os veicular: cooperação e competição, mediação e repressão, sedução e dominação, empatia e desapego, relacional e abstracto, afectivo e directivo, persuasão e agressão, intuição sintética e intelecção analítica, etc. A concepção moderna de indivíduos abstractos e desligados da sua identidade sexual, derivada de uma ideologia "indiferencialista" que neutraliza a diferença sexual, não é menos prejudicial para as mulheres do que o sexismo tradicional que, durante séculos, considerou as mulheres como homens incompletos. Esta concepção é uma forma indirecta de dominação masculina, cujo principal efeito foi o de excluir as mulheres do campo da vida pública, para finalmente as acolher à condição de que se dispam da sua feminilidade.

Alegando que o sexo masculino e feminino são meras construções sociais ("não se nasce mulher, torna-se uma"), o feminismo universalista caiu na armadilha androcêntrica que consiste na adesão a valores "universais", abstractos que, em última análise, não são mais que valores masculinos. O feminismo diferencialista, que promove a Nova Direita, não hesita em propor que a diferença dos sexos se inscreva na esfera pública, afirmando os direitos especificamente femininos (direito à virgindade, direito à licença de parto, direito ao aborto), favorecendo, face ao sexismo e à utopia unissexual, a promoção tanto dos homens como das mulheres, mediante a afirmação e reconhecimento do igual valor das suas naturezas específicas.

5. Contra a Nova Classe, pela autonomia a partir da base

A civilização ocidental em vias de unificação promove hoje a ascensão planetária de uma casta dirigente, cuja legitimidade reside apenas na manipulação abstracta (lógico-simbólica) dos processos e valores do presente sistema. Aspirando ao crescimento ininterrupto do capital e ao reinado definitivo de uma engenharia social triunfante, esta Nova Classe forma a armadura dos meios de comunicação, das grandes empresas nacionais ou multinacionais, das organizações internacionais, dos principais corpos do estado. Ela produz e reproduz em toda a parte o mesmo tipo humano: competências frias, racionalidade distante da realidade, individualismo abstracto, convicções utilitaristas, humanitarismo superficial, indiferença à história, ignorância notória, afastamento do mundo da vida, sacrifício do real pelo virtual, propensão para a corrupção, nepotismo e clientelismo. Este processo inscreve-se na lógica de concentração e de homogeneização da dominação mundial: quanto mais o poder se afasta dos cidadãos, menos sente a necessidade de justificar as suas escolhas e de legitimar a sua ordem; quanto mais a sociedade propõe tarefas impessoais, menos ela se abre aos homens de qualidade; quanto mais o privado invade o público, menos méritos individuais são reconhecidos a todos; quanto mais se torna necessário cumprir uma função, menos se pode desempenhar um papel. A Nova Classe despersonaliza e desresponsabiliza assim a liderança efectiva das sociedades ocidentais.

Desde o fim da Guerra Fria e do colapso do bloco soviético, a Nova Classe encontra-se de novo diante de uma série de conflitos (entre o capital e o trabalho, a igualdade e a liberdade, o público e o privado) que usou para exportar durante meio século. Paralelamente, a sua ineficácia, os seus desperdícios e a sua contra-produtividade revelam-se cada vez mais evidentes. O sistema tende a fechar-se sobre si mesmo, associando engrenagens intercambiáveis, enquanto os povos sentem indiferença ou raiva face a uma elite gestionária que não fala a mesma língua que eles. Em todas as grandes questões sociais cresce o abismo entre os governantes que repetem o mesmo discurso tecnocrático de manutenção da desordem estabelecida e os governados que sofrem as consequências nas suas vidas diárias - o espectáculo mediático interpõe-se para desviar a atenção do mundo presente para o mundo representado. No topo do sistema: a linguagem tortuosa tecnocrática, a tagarelice moralista e o conforto das rendas: na base, o enfrentar doloroso com a realidade, a insistente demanda pelo sentido de tudo isto e o desejo de valores partilhados.

Satisfazer a aspiração popular (ou "populista"), que expressa senão desprezo pela "elite" e indiferença pelas clivagens políticas tradicionais hoje obsoletas, implica conceder mais autonomia às estruturas de base correspondentes aos modos de vida (*nomoi*) quotidianamente experienciados. Para recriar de forma mais convivial as formas de vida social que permitam ao imaginário colectivo formar as representações específicas do mundo, longe do anonimato das massas, da mercantilização dos valores e da reificação das relações sociais, as comunidades devem decidir por si mesmas em todas as áreas que lhes dizem respeito e os seus membros devem participar em todos os níveis de deliberação e de decisão democrática. Não é o Estado-Providência, burocrático e tecnocrático, que se deve descentralizar em benefício das comunidades. São as próprias comunidades que devem conceder ao Estado o poder de intervir, mas apenas nas áreas em que elas não tenham competências.

6. Contra o jacobinismo, pela Europa federal

A primeira Guerra dos Trinta Anos, concluída com o Tratado de Vestefália, marcou a consagração do Estado-nação como o modo dominante de organização política. A segunda Guerra dos Trinta Anos (1914-1945) assinalou, pelo contrário, o início da sua desintegração. O Estado-nação, resultante da monarquia absoluta e do jacobinismo revolucionário afigura-se agora demasiado grande para lidar com pequenos problemas e pequeno demais para enfrentar os grandes. Num planeta mundializado, o futuro pertence aos grandes conjuntos civilizacionais capazes de se organizarem em espaços auto-centrados e de se dotarem do poder necessário para resistirem à influência dos outros. Face aos Estados Unidos e às novas civilizações emergentes, a Europa é chamada a construir-se numa base federal, reconhecendo a autonomia de todos os seus componentes e organizando a cooperação entre regiões e as nações que a compõem. A civilização europeia far-se-á por via da soma, e não pela negação, das suas culturas históricas, permitindo assim a todos os seus habitantes tomarem plena consciência das suas raízes comuns. O princípio da subsidiariedade deve ser a pedra angular: em todos os níveis, a autoridade menor não deve delegar o seu poder a uma autoridade superior que não nos domínios que escapam à sua jurisdição.

Contra a tradição centralista que confisca todos os poderes num só nível de controlo, contra a Europa burocrática e tecnocrática que consagra a perda das soberanias sem as transferir a um nível superior, contra uma Europa que não será mais que uma área unificada de livre comércio, contra a "Europa das nações", simples adição de egoísmos nacionais que não evitam um retorno das guerras, contra uma "nação europeia" que não seria senão uma projecção ampliada do Estado-nação jacobino, a Europa (Ocidental, Central e Oriental) deve reorganizar-se da base à cúpula, federando interiormente os Estados existentes para melhor se federarem ao nível exterior, dentro de uma pluralidade de estatutos especiais, temperada por um estatuto comum. Cada nível de associação deve ter a sua função e dignidade próprias, não derivadas de uma instância superior, mas com base na vontade e consentimento de todos os envolvidos. Não chegarão ao topo do edifício senão as decisões relativas aos povos e às comunidades federadas: diplomacia, exército, importantes decisões económicas, deliberação de normas jurídicas fundamentais, protecção ambiental, etc. A integração europeia é igualmente necessária em algumas áreas de investigação, da indústria e das novas tecnologias de comunicação. A moeda única deve ser gerida por um Banco Central submetido ao poder político europeu.

7. Contra a despolitização, pelo fortalecimento da democracia

A Democracia não nasceu com a Revolução de 1789, constituindo, isso sim, uma tradição constante na Europa desde a antiga cidade grega e das "liberdades" germânicas. Ela não tem qualquer relação com as velhas "democracias populares" dos países de Leste, nem com a democracia parlamentar liberal hoje dominante nos países ocidentais. A democracia não designa nem o sistema partidário, nem os procedimentos estruturais do estado de direito liberal, mas antes o regime onde o povo é soberano. Não é discussão perpétua, mas a tomada de decisão com vista ao bem comum. O povo pode delegar a sua soberania aos dirigentes que ele escolhe, comprometendo-se estes a não usá-la para proveito próprio. A lei da maioria, definida pelo voto, não implica considerar que a verdade procede do número mais elevado de votos: esta é uma técnica para garantir a aproximação de pontos de vista entre o povo e os seus dirigentes. A democracia é, dito isto, o sistema mais propenso para garantir o pluralismo da sociedade: a resolução pacífica de conflitos de ideias e relações não coercivas entre a maioria e a minoria, a liberdade de expressão das minorias, deduzindo a possibilidade destas constituírem a maioria de amanhã.

Na democracia, onde o povo é o sujeito do poder constituinte, o princípio fundamental é o da igualdade política. Este princípio é distinto daquele que afirma a igualdade de direitos entre todos os homens, os quais não podem dar origem a qualquer forma de governo (a igualdade comum a todos os homens é uma igualdade apolítica, porque lhe falta o corolário de uma desigualdade possível). A igualdade democrática não é um princípio antropológico (ela não nos diz nada sobre a natureza do homem), ela não afirma que todos os homens são naturalmente iguais, mas apenas que todos os cidadãos são politicamente iguais, porque pertencem todos igualmente ao mesmo regime político. É, portanto, uma igualdade substancial, fundada na associação. Como qualquer princípio político, ela implica a possibilidade de uma distinção, ou seja, entre cidadãos e não-cidadãos. O conceito básico da democracia não é nem o indivíduo, nem a humanidade, mas o conjunto dos cidadãos politicamente reunidos no povo. A democracia é o regime que, colocando o povo como fonte de legitimidade do poder, se esforça para alcançar o mais possível uma identidade ente os governantes e os governados: a diferença objectiva, existencial, entre uns e outros não pode em caso algum ser uma diferença qualitativa. Essa identidade é a expressão política do povo que, através dos seus governantes, adquire a capacidade de se representar politicamente a si próprio. Assim, a democracia implica um povo capaz de actuar politicamente na esfera da vida pública. O abstencionismo, o desprezo pelas questões públicas, privam-na do seu significado.

A democracia está actualmente ameaçada por uma série de derivas e patologias: a crise de representação, intercâmbio de programas políticos, a não consulta do povo sobre as grandes decisões que afectam as suas vidas, a corrupção e tecnocratização, desqualificação dos partidos tornados meras máquinas eleitorais, cujos líderes não são já seleccionados senão pela sua capacidade de se fazerem eleger, despolitização sob o efeito da dupla polaridade moral-económica, preponderância de lóbis que defendem os seus interesses particulares contra o interesse geral, etc. A isso acresce o facto de que nós fomos empurrados para fora da problemática política moderna: os partidos são todos mais ou menos reformistas, os governos são mais ou menos impotentes. A "tomada do poder", na acepção leninista do termo já não conduz a nada. No universo das redes, a revolta é possível, não a revolução.

Renovar o espírito democrático implica não nos contentarmos apenas com a democracia representativa, mas para procurar implementar a todos os níveis uma verdadeira democracia participativa ("o que a todos diz respeito, deve ser um assunto de todos"). Trata-se de desestatizar a política, recriando os espaços cívicos desde a base: cada cidadão deve ser um actor do interesse geral, cada bem comum deve ser designado e defendido enquanto tal na perspectiva de uma ordem política concreta. O cliente consumidor, o espectador passivo e o indivíduo reduzido a mero detentor de direitos privados somente serão superados por uma forma radicalmente descentralizada de democracia de base, atribuindo a cada um, um papel na escolha e no controlo do seu destino. O procedimento referendário poderá ser igualmente reactivado pela iniciativa popular. Contra a omnipotência do dinheiro, única autoridade suprema na sociedade moderna, é imperioso o mais possível impor a separação da riqueza do poder político.

8. Contra o produtivismo, pela partilha do trabalho

O trabalho (do latim *tripalium*, instrumento de tortura) nunca ocupou um lugar central nas sociedades arcaicas e tradicionais, incluindo aquelas que nunca conheceram a escravatura. Porque atende às imposições da necessidade, o trabalho não consegue realizar a nossa liberdade – ao contrário da obra, onde cada um exprime a realização de si mesmo. Foi a modernidade, que na sua lógica produtivista de mobilização total dos recursos, fez do trabalho um valor em si, o principal modo de socialização, uma forma ilusória da emancipação e da autonomia dos indivíduos ("a liberdade através do trabalho"). Funcional, racional e rentável, este trabalho "heterónimo", que os indivíduos realizam cada vez mais frequentemente por submissão do que por vocação, não tem outro sentido que não o intercâmbio mercantil, inscrevendo-se sempre desde um cálculo contabilístico. A produção serve para alimentar um consumo que a ideologia da necessidade oferece como compensação pelo tempo perdido a produzir. As antigas tarefas de proximidade foram progressivamente monetizadas, empurrando os homens a trabalhar para outros de modo a pagarem àqueles que trabalham para eles. O sentido de gratuitidade e reciprocidade foi gradualmente corroído num mundo onde nada tem já valor, mas onde tudo tem um preço (ou seja, num mundo em que aquilo que não pode ser quantificado em termos monetários, é tido por insignificante ou inexistente). Na sociedade salarial, cada um de nós perde muito frequentemente o seu tempo a tentar ganhar a vida.

O facto novo é que, graças às novas tecnologias, podemos produzir mais bens e serviços com cada vez menos homens. Estes ganhos de produtividade fazem agora do desemprego e da precariedade fenómenos estruturais e já não conjunturais. Eles promovem também a lógica do capital, o qual se serve do desemprego e da deslocalização para reduzir o poder de negociação dos assalariados. Daí resulta que o homem já não é somente usado, como torna-se cada vez mais inútil: a exclusão substitui a alienação num mundo globalmente mais rico, mas onde cada vez mais existem mais pobres (final da teoria clássica do "derrame") [*NdT. A teoria do derrame é uma teoria económica defendida pelo economista e demógrafo francês Alfred Sauvy, o qual afirma que o progresso tecnológico melhora a produtividade, engendrando este uma transferência (derrame) de empregos de um sector de actividade para outro.*]. O impossível regresso ao pleno emprego implica uma ruptura com a lógica do produtivismo e considerar desde logo a saída gradual da era do trabalho assalariado como modo central de integração na vida social.

A redução do tempo de trabalho é um dado secular que torna obsoleto o imperativo bíblico ("ganhar o pão com o suor do rosto"). A redução negociada e a partilha do tempo de trabalho devem ser encorajadas, bem como a possibilidade de acordos flexíveis (anualização, licenças sabáticas, estágios de formação, etc.), para todas as tarefas "heterónimas": trabalhar menos para trabalhar melhor e para se ter tempo livre. Numa sociedade onde a oferta mercantil se estende cada vez mais, enquanto o número daqueles cujo poder de compra estagna ou diminui, é também imperativo separar gradualmente o trabalho e o rendimento, estudando a possibilidade de estabelecer uma alocação geral de existência ou um rendimento mínimo de cidadania, destinado, sem contrapartidas, a todos os cidadãos desde o nascimento até à morte.

9. Contra a fuga para a frente financeira, por uma economia ao serviço da vida

Aristóteles distinguiu entre a "*oikonomia*", que visa atender às necessidades dos homens, e a "crematística", cuja única finalidade é a produção, circulação e apropriação do dinheiro. O capitalismo industrial foi progressivamente dominado pelo capitalismo financeiro que visa organizar a rentabilidade máxima a curto prazo à custa do estado real das economias nacionais e dos interesses a longo prazo dos povos. Esta metamorfose traduziu-se pela desmaterialização dos balanços das empresas, a securitização do crédito, a especulação desenfreada, a emissão anárquica de títulos não confiáveis, o endividamento das pessoas, empresas e nações, o papel de primeiro plano dos investidores internacionais e dos fundos de investimento para ganhos especulativos, etc. A ubiquidade dos capitais permite aos mercados financeiros impor a sua lei aos políticos. A economia real está sujeita à incerteza e à insegurança, enquanto uma enorme bolha financeira mundial rebenta regularmente devido a bolhas regionais, dando origem a choques que se propagam por todo o sistema. O pensamento económico é também congelado em dogmas alimentados por formalismos matemáticos, que não podem reivindicar o título de ciência, que excluem todos os elementos não quantificáveis. Assim, os indicadores macroeconómicos (PIB, taxa de crescimento, etc.) não indicam nada sobre o estado actual de uma sociedade: as catástrofes, os acidentes ou epidemias são contabilizados de forma positiva, porque aumentam a actividade económica.

Face a uma riqueza arrogante que pensa apenas no seu próprio crescimento, especulando sobre a desigualdade e o sofrimento que causa, é preciso colocar a economia ao serviço do homem, dando prioridade às necessidades reais dos indivíduos e à sua qualidade de vida, instaurando à escala internacional uma taxa sobre os movimentos de capitais, anulando a dívida do Terceiro Mundo, revendo drasticamente o sistema do "desenvolvimento": prioridade à auto-suficiência e satisfação dos mercados domésticos, ruptura com o sistema de divisão internacional do trabalho, emancipação das economias locais frente aos ditames do Banco Mundial e do FMI, a adopção de regras sociais e ambientais para reger o comércio internacional. Finalmente, é conveniente sair gradualmente do duplo impasse que representam a economia administrada de forma ineficiente e a economia de mercado hipercompetitiva, reforçando o terceiro sector (associações, mutualidades, cooperativas) e as organizações autónomas de entreajuda (sistema de trocas locais), baseadas na responsabilidade partilhada, livre adesão e sem fins lucrativos.

10. Contra o gigantismo, pelas comunidades locais

A tendência para o gigantismo e concentração produz indivíduos isolados e, por conseguinte, vulneráveis e carentes. A exclusão generalizada e a insegurança social são a consequência lógica deste sistema que corroeu todas as instâncias de reciprocidade e solidariedade. Face às antigas pirâmides de dominação vertical que já não inspiram confiança, face às burocracias que cada vez mais rapidamente atingem o seu nível de incompetência, estamos a entrar num mundo fluído de redes de cooperação. A velha oposição entre a sociedade civil homogénea e o Estado-Providência monopolista foi pouco a pouco substituída pela introdução de toda uma rede de organizações criadoras de direitos e comunidades deliberativas e operacionais. Estas comunidades são formadas em todos os níveis da vida social: da família ao bairro, da aldeia à cidade, da profissão à esfera dos lazeres, etc. É somente a essa escala local que se pode recriar uma existência de dimensão humana, não parcelar, libertada dos imperativos urgentes da velocidade, da mobilidade e do rendimento, assente em valores partilhados e fundamentalmente orientada para o bem comum. A solidariedade não pode ser mais encarada como a consequência de uma igualdade anónima (mal) garantido pelo Estado-Providência, mas como o resultado de uma reciprocidade implementada desde a base pelas colectividades orgânicas que chamem a si as funções da segurança, da partilha e da equidade. Apenas pessoas responsáveis em comunidades responsáveis podem estabelecer uma justiça social não seja sinónimo de assistência.

O retorno ao local, que pode ser eventualmente facilitado pelo teletrabalho em conjunto, tende a devolver às famílias a sua vocação natural educativa, de socialização e de entreajuda, permitindo assim a interiorização de regras sociais, hoje impostas externamente. A revitalização das comunidades locais deve andar de mãos dadas com o renascimento das tradições folclóricas, onde a modernidade causou o declínio ou, pior ainda, a mercantilização. Ao manter a convivialidade e o sentido da festa, as tradições incutem ritmos e fornecem pontos de referência. Ao celebrar os aniversários e as estações, os grandes momentos da existência e os períodos do ano, elas alimentam o imaginário simbólico e preservam os laços sociais. Elas nunca são estáticas, encontram-se em constante renovação.

11. Contra as florestas de betão, pelas cidades de dimensão humana

O urbanismo sofre desde há 50 anos a ditadura da fealdade, do absurdo ou do curto-prazo, cidades-dormitório sem horizontes, áreas residenciais sem alma, subúrbios cinzentos usados como lixeiras municipais, intermináveis centros comerciais que desfiguram as entradas para as cidades, proliferação de "não-lugares" anónimos que servem utilizadores apressados, os centros das cidades entregues apenas ao comércio e despojados da sua vida tradicional (cafés, universidades, teatros, cinemas, praças, etc.), sobreposição de edifícios sem um estilo comum, bairros degradados e deixados ao abandono ou, pelo contrário, guardados em permanência por seguranças e câmeras de vigilância, despovoamento rural e aglomeração urbana.

Já não se constroem habitações para viver, mas para sobreviver num ambiente urbano desfigurado pela lei da rentabilidade máxima e da funcionalidade racional. Ora bem, um lugar é primeiramente um elo: trabalhar, circular, habitar, não são funções isoláveis, mas acções complexas que afectam a totalidade da vida social.

A cidade deve ser repensada como o ponto de encontro de todas as nossas potencialidades, o labirinto das nossas paixões e das nossas acções e não como a expressão geométrica e fria da racionalidade planificadora. A arquitectura e o urbanismo inscrevem-se, por seu turno, numa história e geografia singulares das quais devem ser o reflexo. Isso envolve a revalorização de um urbanismo enraizado e harmonioso, a reabilitação de estilos regionais, o desenvolvimento de aldeias e cidades ligadas em rede a capitais regionais, o fim do isolamento das zonas rurais, a destruição progressiva das cidades-dormitório e das concentrações estritamente comerciais, a eliminação de uma publicidade omnipresente, bem como a diversificação do transporte alternativo: a abolição da ditadura do automóvel particular, o transporte de mercadorias por via ferroviária, a revitalização dos transportes públicos, tendo em conta os imperativos ecológicos.

12. Contra o demónio tecnológico, pela ecologia integral

Num mundo finito, nem todas as curvas podem ser perpetuamente ascendentes: os recursos, tal como o crescimento, conhecem necessariamente limitações. A rápida generalização, à escala planetária, do nível ocidental de produção e consumo levará, em algumas décadas, ao esgotamento de quase todos os recursos naturais disponíveis e a uma série de mudanças climáticas e atmosféricas, de consequências imprevisíveis para a espécie humana. A desfiguração da natureza, o empobrecimento exponencial da biodiversidade, a alienação do homem pela máquina, a degradação da nossa alimentação, demonstram que "sempre mais" não é sinónimo de "sempre melhor". Tal constatação rompe de forma inequívoca com a ideologia do progresso, assim como com toda a concepção monolinear da História, a qual, diga-se, foi elaborada pelos movimentos ecologistas. Impõe-se-nos que tomemos consciência das nossas responsabilidades para com os mundos orgânico e inorgânicos no seio dos quais evoluímos.

A "mega-máquina" não conhece outro princípio que não o da rentabilidade. É necessário opor-lhe o princípio da responsabilidade, ordenando às gerações presentes que actuem de tal forma que as gerações futuras conheçam um mundo que não seja menos belo, menos rico e diversificado do que aquele que nós conhecemos. Paralelamente é preciso reafirmar a primazia do ser sobre o ter. Além disso, a ecologia integral exige a superação do antropocentrismo moderno e a consciência de uma co-pertença do homem e do Cosmos. Esta transcendência imanente faz da natureza um parceiro, não um adversário. Ela não apaga a especificidade do homem, mas nega-lhe o lugar exclusivo que lhe haviam atribuído o Cristianismo e o Humanismo Clássico. Face à *húbris (NdT. Húbris, termo grego que pode ser traduzido como excesso, exagero, desmesura ou descomedimento)* económica e ao prometeísmo técnico, ela opõe a noção de equilíbrio e a busca de harmonia. Impõe-se uma concertação global para estabelecer as normas vinculativas em matéria de preservação da biodiversidade - o homem também tem deveres para com os animais e os vegetais - e de diminuição das poluições terrestre e atmosférica. As empresas e as colectividades poluentes devem ser tributadas na proporção das suas externalidades negativas. Uma certa desindustrialização do sector agro-alimentar deverá favorecer a produção e o consumo local, bem como a diversificação das fontes de abastecimento. Os sistemas que respeitem a renovação cíclica dos recursos naturais devem ser preservados no Terceiro Mundo e reaplicados como prioridade nas sociedades "desenvolvidas".

13. Pela liberdade do espírito e um regresso ao debate de ideias

Incapaz de se renovar, impotente e desiludido com o fracasso de seu plano, o pensamento moderno declinante está gradualmente a transformar-se numa verdadeira polícia intelectual, cuja função é a de excomungar todos aqueles que se desviam dos princípios da ideologia dominante. Os antigos revolucionários " arrependidos" uniram-se ao sistema existente, mantendo o seu velho gosto pelas purgas e anátemas. Esta nova traição dos intelectuais apoia-se na ditadura de uma opinião pública moldada pelos meios de comunicação, na forma de histeria purificadora, de sentimentalismo exacerbado ou de indignação selectiva. Mais do que tentar compreender o século presente, prefere-se revolver problemáticas obsoletas, reciclando os argumentos que não são senão meios para excluir ou desqualificar. A redução da coisa política a uma gestão optimizada de um crescimento cada vez mais problemático exclui a escolha de uma mudança radical na sociedade ou, mais simplesmente, a possibilidade de uma discussão aberta sobre as derradeiras finalidades da acção colectiva.

O debate democrático encontra-se assim reduzido a nada: não se discute mais, denuncia-se; não se argumenta mais, acusa-se; não se demonstra mais, impõe-se. Todo o pensamento, todo o trabalho suspeito de "desvio" ou de "deriva" vê-se acusado de simpatia consciente ou inconsciente por ideias apresentadas como hediondas. Incapazes de desenvolver um pensamento próprio ou refutar o dos outros, os censores fustigam agora também quem demonstra ter dúvidas. Este empobrecimento sem precedentes do espírito crítico é ainda mais agravado na França devido ao narcisismo parisiense, que reduz a alguns departamentos administrativos da capital o círculo de ambientes frequentáveis. Isto leva-nos a olvidar as regras normais do debate. Esquecemo-nos que a liberdade de opinião, cujo desaparecimento aceitamos com indiferença, não admite por princípio nenhuma excepção. Temendo as escolhas e desprezando as aspirações do povo, prefere-se cultivar a ignorância das massas.

Para acabar com esta manta de chumbo, a Nova Direita promove um retorno ao pensamento crítico, ao mesmo tempo que milita por uma total liberdade de expressão. Contra toda a censura, contra o pensamento descartável e a futilidade das modas, a Nova Direita afirma mais do que nunca a necessidade de um verdadeiro trabalho de pensamento. Ela defende um regresso ao debate de ideias, à margem das velhas clivagens que dificultam as abordagens transversais e as novas sínteses. Ela apela a uma frente comum de espíritos livres frente aos herdeiros de Trissotin, Tartufo e Torquemada.

Associação de Amigos de Alain de Benoist

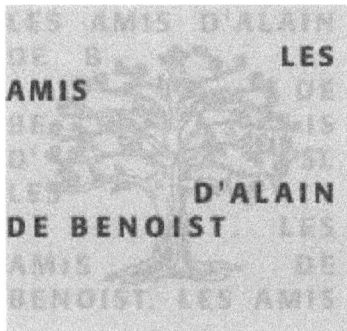

www.alaindebenoist.com

MANIFESTO PARA UM RENASCIMENTO EUROPEU

Alain de Benoist é director das revistas

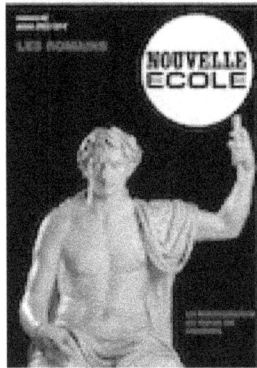

éléments

www.revue-elements.com

www.ingramcontent.com/pod-product-compliance
Lightning Source LLC
Chambersburg PA
CBHW021219020426
42331CB00003B/378